正向教育
故事系列

灰狼威威，
關懷別人顯愛心

蘇‧格雷夫斯 著

特雷弗‧鄧頓 繪

潘心慧 譯

新雅文化事業有限公司
www.sunya.com.hk

正向教育故事系列

《正向教育故事系列》全套16冊，**旨在培養孩子正向的性格強項，發揮個人潛能，活出更精彩豐盛的人生。**

在本系列裏，動物們遭遇到孩子成長中會遇到的困境，幸好他們最終都能發揮相關的性格強項，完滿地解決事情，還得到意外驚喜。

小朋友，準備好了嗎？現在，就讓我們進入正能量世界，一起跟着

 鱷魚卡卡學**毅力**　　　　 大象波波學**仁慈**

 豹子達達學**團隊精神**　　 長頸鹿高高學**公平**

 河馬胖胖學**正直**　　　　 獅子安安學**希望**

 猴子奇奇學**審慎**　　　　 烏龜娜娜學**勇敢**

 老虎哈哈學**自我規範**　　 犀牛魯魯學**社交智慧**

 灰狼威威學**愛**　　　　　 樹懶樂樂學**熱情與幹勁**

 樹熊思思學**開明思想**　　 斑馬敏敏學**勇敢和毅力**

 奇異鳥滔滔學**自我規範**　 熊貓元元學**社交智慧**

每冊書末還設有親子/師生共讀建議，幫助爸媽和孩子說故事呢！

 升級功能

本系列屬「新雅點讀樂園」產品之一，若配備新雅點讀筆，爸媽和孩子可以使用全書的點讀和錄音功能，聆聽粵語朗讀故事、粵語講故事和普通話朗讀故事，亦能點選圖中的角色，聆聽對白，生動地演繹出每個故事，讓孩子隨着聲音，進入豐富多彩的故事世界，而且更可錄下爸媽和孩子的聲音來說故事，增添親子閱讀的趣味！

「新雅點讀樂園」產品包括語文學習類、親子故事和知識類等圖書，種類豐富，旨在透過聲音和互動功能帶動孩子學習，提升他們的學習動機與趣味！

家長如欲另購新雅點讀筆，或想了解更多新雅的點讀產品，請瀏覽新雅網頁 (www.sunya.com.hk) 或掃描右邊的QR code進入 新雅・點讀樂園 。

如何使用**新雅點讀筆**閱讀故事

➊ 下載本故事的聲音檔案

1. 瀏覽新雅網頁(www.sunya.com.hk) 或掃描右邊的QR code 進入 新雅·點讀樂園 。

2. 點選 下載點讀筆檔案 ▶ 。

3. 依照下載區的步驟說明，點選及下載《正向教育故事系列》的聲音檔案至電腦，並複製至新雅點讀筆的「BOOKS」 資料夾內。

➋ 點讀故事和選擇語言

啟動點讀筆後，請點選封面 新雅·點讀樂園 ，然後點選書本上的故事文字或說話的人物，點讀筆便會播放相應的內容。如想切換播放的語言，請點選每頁左上角的 粵/書 粵/口 普 圖示，當再次點選內頁時，點讀筆便會使用所選的語言播放點選的內容。

粵語
朗讀故事

粵語
講故事

普通話
朗讀故事

安安的體形的確太大了，他無法坐上小型賽車。不過他一點都不介意，還去玩火箭漫遊。安安覺得這個機動遊戲就更好玩呢！

然後大鳥老師看看手錶，她說時間剛剛好，大家還來得及一起去玩沖天過山車。那是森林樂園裏最高、最快、最刺激的機動遊戲！

20

❸ 播放整個故事

如想播放整個故事請點選下面的圖示：

選擇語言

粵語
朗讀故事

粵語
講故事

普通話
朗讀故事

播放整個故事

播放

暫停

停止

❹ 製作獨一無二的點讀故事書

爸媽和孩子可以各自點選以下圖示，錄下自己的聲音來說故事！

1 先點選圖示上 爸媽錄音 或 孩子錄音 的位置，再點 OK，便可錄音。

2 完成錄音後，請再次點選 OK，停止錄音。

3 最後點選 ▶ 的位置，便可播放錄音了！

4 如想再次錄音，請重複以上步驟。注意每次只保留最後一次的錄音。

爸媽請使用
這個圖示錄音

孩子請使用
這個圖示錄音

灰狼威威從來不為別人着想，他一向只顧自己。午餐時，威威看見桌上只剩下一塊蛋糕，便自私地把它搶了過來！他明知道長頸鹿還沒有吃，也毫不在乎。

長頸鹿見到威威把蛋糕搶走，感到很難過。
他跟威威說自己還很餓，但威威依然無動於衷。

小息時，威威也不曾為別人着想，他喜歡盪鞦韆，不願意跟其他同學輪流玩。他說自己要一直坐在鞦韆上玩個夠！

其他同學都很生氣，他們説威威很不友善，總是只顧着自己。

　　更糟糕的是，威威從不肯跟別人分享他的玩
具。每當猴子來找他一起玩時，威威都不讓他碰
那兩輛綠色的玩具車。

　　猴子很喜歡玩玩具車，但威威說玩具車都是他的，其他人不可以玩。自私的威威沒有理會猴子的感受，猴子感到很難過。

有一天，鱷魚先生說放學後讓大家試玩板球。威威第一個拿到球拍，他用力地把球打得很遠，樹熊努力撲去接球，卻摔了一跤。

樹熊很難受，於是大家馬上停下來，跑去
幫助她……

　　但威威卻沒有去。威威只想繼續玩耍，完全沒有想要去關心樹熊的傷勢，也沒有顧及她的感受。大家都生威威的氣，說不想再跟他一起玩。

　　威威很苦惱，他不想大家都生他的氣。鱷魚先生走過來跟他聊聊，他問威威如果沒有人願意幫助他，甚至完全忽略他的感受，他會有怎樣的感覺？

威威説那樣感覺一點也不好！鱷魚先生請他設身處地為別人着想，學會愛人是很重要的。他還跟威威説，待人友善才能跟別人建立良好的人際關係。

　　然後，鱷魚先生問威威，他會做些什麼事情
來修補跟同學的關係？威威認真地想了想……

　他回答說，首先要跟樹熊道歉，要學會顧及別人的感受，還有做一個友善和樂於助人的孩子。鱷魚先生鼓勵他說，這些都是很好的主意。

第二天，威威嘗試去為別人着想。他想到媽媽每天辛勞地做家務，於是主動幫助媽媽把洗完的衣服摺好，媽媽稱讚他是乖孩子。

見妹妹背包的肩帶扭成一團，他協助妹妹解開肩帶，把書包背好，妹妹很開心，給了他一個擁抱。

當天，威威的媽媽接到猴子媽媽的來電，得知猴子病了。猴子感到很難過和孤單，他非常想念他的朋友們。

威威的媽媽說她要為猴子做幾個小蛋糕，鼓勵他打起精神來，威威主動提出要幫忙。

後來，威威仔細想了想，他估計猴子的心情一定糟透了。他用同理心想着如果是自己生病，累得躺在牀上，會有什麼感覺。

他果然也不喜歡這種悶悶不樂的感覺！他很想逗猴子開心，然後他想到了一個好主意。

威威回到自己的睡房，取出他那兩輛綠色的玩具車。他在其中一輛玩具車上貼了一張大紙條，紙條上寫着：「威威送給猴子的禮物」。

威威跟媽媽一起去了猴子的家。媽媽向他送上精心製作的蛋糕，威威送他綠色的玩具車，猴子高興得很。

28

整個下午，威威陪伴猴子一起玩，猴子説威威變得很友善。威威説他現在才知道，比起自私地只顧自己，原來友善和懂得為別人着想會更好，因為這麼做彼此都很開心！

認識正向心理學的 24 個性格強項

　　正向心理學之父馬丁·賽里格曼 (Martin Seligman) 與其他學者合作，研究出一套以科學驗證為基礎的正向心理學理論，提出每人都能培育及運用所擁有的性格強項，活出更豐盛的人生。

　　正向心理學中的性格強項分成 6 大美德 (Virtues)，共 24 個性格強項 (Character Strengths)。只要我們好好運用性格強項和應用所累積的正向經驗，日後無論是在順境或逆境中，我們仍然能從中獲得快樂及寶貴的經驗。

現在，一起來認識 24 個性格強項：

智慧與知識
(Wisdom & Knowledge)
喜愛學習 (Love of Learning)
開明思想 (Judgement)
洞察力 (Perspective)
創造力 (Creativity)
好奇心 (Curiosity)

勇氣
(Courage)
正直 (Honesty)
勇敢 (Bravery)
熱情與幹勁 (Zest)
毅力 (Perseverance)

節制
(Temperance)
謙遜 (Humility)
審慎 (Prudence)
寬恕 (Forgiveness)
自我規範 (Self-regulation)

**24個
性格強項**

公義
(Justice)
公平 (Fairness)
團隊精神 (Teamwork)
領導才能 (Leadership)

靈性與超越
(Transcendence)
希望 (Hope)
感恩 (Gratitude)
幽默感 (Humour)
靈修性 (Spirituality)
對美麗和卓越的欣賞
(Appreciation of Beauty and Excellence)

仁愛
(Humanity)
愛 (Love)
仁慈 (Kindness)
社交智慧 (Social Intelligence)

故事中主角所發揮的性格強項

　　灰狼威威不會愛人，自私的性格使他不在乎別人的感受。後來，樹熊跟他玩板球時受傷了，威威依然無動於衷，這種對人漠不關心的性格使其他朋友紛紛離棄他。

　　幸好鱷魚先生耐心地引導威威認識同理心，威威終於能發揮**愛**的性格強項，學會**設身處地**了解和**體諒**別人的需要。威威脫胎換骨，他嘗試以行動的方式去表達對別人的關愛，例如幫媽媽做家務、把心愛的玩具跟生病的朋友**分享**等，這種**愛人**的力量必能讓他身邊的親友都願意親近他，使他遠離寂寞和孤獨。

親子 / 師生共讀建議

讀完故事後，和孩子談談這本書：

❶ 與孩子談談故事的情節，鼓勵孩子按時間順序複述故事的情節。

❷ 跟孩子說說他們怎樣看威威冷漠的行為。為什麼威威起初不會跟別人分享食物和玩具，也不會主動幫助受傷的朋友？

❸ 鼓勵孩子分享一些個人經歷，請他們回想過去自己的感受被人忽視的情況，例如：玩具分配不公平，或一直輪不到自己。他們感覺如何？

❹ 與孩子談談學會體諒別人的好處。例如學會從不同角度去理解他人的立場，可以減少彼此的紛爭和誤會，能跟人建立良好正面的人際關係。

❺ 鼓勵孩子提出令人感受「愛」的方法。例如言語上，多表達欣賞和鼓勵；行動上，多向別人提供幫助。

正向教育故事系列

灰狼威威，關懷別人顯愛心

作　　者：蘇·格雷夫斯（Sue Graves）
繪　　圖：特雷弗·鄧頓（Trevor Dunton）
翻　　譯：潘心慧
責任編輯：黃偲雅
美術設計：郭中文
出　　版：新雅文化事業有限公司
　　　　　香港英皇道499號北角工業大廈18樓
　　　　　電話：（852）2138 7998
　　　　　傳真：（852）2597 4003
　　　　　網址：http://www.sunya.com.hk
　　　　　電郵：marketing@sunya.com.hk
發　　行：香港聯合書刊物流有限公司
　　　　　香港荃灣德士古道220-248號荃灣工業中心16樓
　　　　　電話：（852）2150 2100　　傳真：（852）2407 3062
　　　　　電郵：info@suplogistics.com.hk
印　　刷：中華商務彩色印刷有限公司
　　　　　香港新界大埔汀麗路36號
版　　次：二〇二三年十月初版

ISBN : 978-962-08-8204-3
Original published in the English language as 'Behaviour Matters! Wolf Thinks Of Others
(A book about empathy)'
Text © Hodder and Stoughton 2022
Illustrations © Trevor Dunton 2022
Copyright licensed by Franklin Watts, an imprint of Hachette Children's Group,
Part of Hodder and Stoughton
Traditional Chinese Edition © 2023 Sun Ya Publications (HK) Ltd.
18/F, North Point Industrial Building, 499 King's Road, Hong Kong
Published in Hong Kong SAR, China
Printed in China